SANIDAD DEL CIELO

Publicado por Spines
ISBN: 979-8-89569-792-4

SANIDAD DEL CIELO

KAREN LEWIS

DEDICATORIA

Este libro está dedicado a mi familia por su apoyo inquebrantable.

Y al Pastor Donald Mapes, cuya guía y presencia han moldeado profundamente mi vida.

AGRADECIMIENTOS

Quisiera expresar mi más sincera gratitud a las siguientes personas por su apoyo e inspiración a lo largo de la creación de este libro:

- **Mi familia**, por su amor incondicional y constante ánimo.
- **Mis amigos**, por su firme creencia en mi escritura y apoyo continuo.
- **Mi editora, Wardah**, por sus invaluables comentarios y guía perspicaz.
- **Los lectores**, por su interés y entusiasmo, que alimentan mi pasión por la narración.
- Gracias a todos por ser una parte integral de este viaje.

Padre Celestial,

Venimos ante Ti con corazones agradecidos, buscando Tu presencia y guía, mientras emprendemos este viaje de fe a través de las palabras escritas en estas páginas. Te pedimos que tu Espíritu Santo nos llene de sabiduría y entendimiento, para que podamos acercarnos más a Ti y crecer en nuestro conocimiento de Tu amor y gracia.

Señor, dedicamos este libro a Tu gloria. Que sea una fuente de inspiración, consuelo y ánimo para todos los que lo lean. Que cada palabra sea un instrumento de Tu paz, esperanza y verdad. Oramos para que a través de estas reflexiones, historias y enseñanzas, muchos encuentren fortaleza en sus pruebas, alegría en sus bendiciones y una relación más profunda contigo.

Bendice a los lectores con corazones y mentes abiertas, listos para recibir Tu mensaje. Guíalos en su viaje espiritual, y que Tu luz brille intensamente sobre sus caminos. Confiamos en Tu plan divino y pedimos que se haga Tu voluntad en nuestras vidas.

En el nombre de Jesús, oramos.

Amén

ÍNDICE

CAPÍTULO I

CIELO

El cielo, un lugar de pura dicha y alegría, invita a cada alma con un abrazo de amor y paz sin fin.

El aire aquí está lleno de la dulce fragancia de las flores, un aroma tan delicado y puro que se siente como un suave beso en los sentidos. Al tomar una respiración, las voces armoniosas de ángeles cantando en perfecta unidad llenan tus oídos, creando una sinfonía que resuena con la esencia misma de tu ser.

Caminando por las calles, notas que están pavimentadas con oro, cada paso reflejando la luz eterna que ilumina este reino divino. El oro no es como ningún metal terrenal; brilla con un resplandor que habla de eternidad y pureza, un recordatorio de la promesa eterna hecha a aquellos que creen. Los edificios, majestuosos y imponentes, están hechos de cristal reluciente, sus superficies capturando la luz y dispersándola en un deslumbrante abanico de colores.

En el cielo, cada rincón revela una nueva maravilla, cada una más impresionante que la anterior. El paisaje está adornado con jardines exuberantes, donde flores de cada tonalidad florecen en perfecta armonía. Estos jardines no son meros parches de belleza, sino testimonios vivos de la creatividad sin límites del Creador y su amor. Corrientes de agua cristalina fluyen suavemente por los jardines, sus sonidos calmantes sumando a la atmósfera serena.

A medida que te adentras en este paraíso celestial, la sensación de alegría se vuelve abrumadora. No hay tristeza, ni dolor, ni sufrimiento, solo un profundo sentido de bienestar y satisfacción. Este es un lugar donde el alma encuentra su verdadero hogar, un santuario donde el amor y la sanidad abundan. Aquí, en la presencia del Divino, cada herida es sanada, cada pena aliviada y cada lágrima limpiada.

El cielo es más que un destino; es el cumplimiento de cada promesa, la culminación de cada esperanza y la realización de cada sueño. Es un lugar donde los cansados encuentran descanso, los quebrantados encuentran sanidad y los perdidos encuentran su camino. En este espacio sagrado, el alma se renueva y el espíritu se eleva, bañado en la luz del amor y la gracia interminables de Dios.

El aire en el cielo está impregnado con la dulce fragancia de las flores, un aroma tan delicado y puro que se siente como una suave caricia en los sentidos. Al respirarlo, las voces armoniosas de ángeles cantando en perfecta unidad llenan tus oídos, creando una sinfonía que resuena profundamente en tu alma.

Paseando por las calles, notas que están pavimentadas con oro, cada paso refleja la luz eterna que baña este reino divino. A diferencia de cualquier metal terrenal, este oro brilla con un resplandor que simboliza la eternidad y la pureza, un testimonio de la promesa eterna hecha a los fieles. Los edificios, de pie majestuosos, están construidos de cristal resplandeciente, sus superficies capturan y dispersan la luz en un deslumbrante despliegue de colores.

Cada rincón del cielo revela una nueva maravilla, cada una más impresionante que la anterior. El paisaje está adornado con exuberantes jardines donde flores de todos los colores florecen en perfecta armonía. Estos jardines no son solo parches de belleza sino testimonios vivientes de la creatividad y el amor sin límites del Creador. Riachuelos cristalinos fluyen suavemente a través de los jardines, sus sonidos suaves realzan la atmósfera serena.

En el corazón de este esplendor divino yace la verdadera esencia del cielo: sus habitantes. Llenos de amor y paz, cada alma aquí irradia una alegría que refleja la pura dicha de estar en la presencia del Divino. No hay dolor, no hay sufrimiento, no hay tristeza, solo un abrumador sentido de bienestar y satisfacción. Los colores a tu alrededor son más vibrantes que cualquiera visto en la tierra, cada matiz más vívido y vivo, como si estuvieran pintados por la mano de Dios mismo.

La música en el cielo es más melódica, cada nota una mezcla perfecta de armonía y gracia. Llena el aire con tranquilidad y alegría, un constante recordatorio de la celebración eterna que tiene lugar en este reino sagrado. La risa de los habitantes es contagiosa, un sonido alegre que resuena por las calles y jardines, elevando los espíritus de todos los que la escuchan. Esta risa no es solo una expresión de felicidad sino un testimonio de la completa ausencia de miedo, preocupación y tristeza.

Mientras exploramos este reino celestial, estamos envueltos por un sentido de maravilla y asombro que llena cada momento con esplendor divino. La belleza de los jardines no se compara a nada visto en la tierra. Paisajes exuberantes y verdes se extienden hasta donde alcanza la vista, llenos de flores de todos los colores y variedades imaginables. Cada flor parece irradiar una luz propia, sus pétalos brillando en el resplandor celestial. Árboles cargados de fruta que brillan como joyas ofrecen su cosecha libremente, su fragancia se mezcla con el dulce aroma de las flores para crear un perfume embriagador. Pájaros con plumas de tonos irisados revolotean entre las ramas, sus cantos añadiendo a la sinfonía de la naturaleza que llena el aire.

Aventurándonos más allá, nos encontramos con la majestad de la sala del trono, un lugar de grandeza y reverencia incomparables. El trono en sí, un símbolo de autoridad y gracia, está hecho del más fino oro y adornado con piedras preciosas que destellan con una luz divina. Rodeando el trono hay innumerables ángeles, sus alas un deslumbrante despliegue de blanco y oro, cantando alabanzas en perfecta armonía. La atmósfera está cargada con un palpable sentido de santidad, una energía sagrada que llena cada corazón de asombro y humildad.

En este reino celestial, atestiguamos la alegría de los reencuentros entre seres queridos, una visión que trae lágrimas de felicidad a los ojos. Familias y amigos, separados por los límites de la vida terrenal, se reúnen en abrazos que transmiten un amor inquebrantado por el tiempo o la distancia. La alegría en estos momentos es pura y abrumadora, un testimonio del poder perdurable del amor que trasciende todas las fronteras terrenales. Risas y lágrimas de alegría se mezclan mientras se comparten historias y se reavivan lazos, cada reencuentro una celebración del triunfo del amor sobre la muerte.

En medio de estas escenas de belleza y alegría, también presenciamos la celebración de victorias ganadas. Santos y héroes de la fe son honrados por su perseverancia y fidelidad, sus vidas un testimonio del poder de la gracia divina. Sus historias se comparten y celebran, no como meros relatos de luchas pasadas sino como testimonios vivientes de victoria y redención. Coronas de gloria son colocadas sobre sus cabezas, y sus nombres están inscritos en el Libro de la Vida, sus obras recordadas y apreciadas por toda la eternidad.

Dondequiera que miremos, el cielo revela sus maravillas, cada vista una mirada a la infinita belleza y majestad de lo Divino. El sentido de maravilla y asombro que llena nuestros corazones es un constante recordatorio del amor y la gracia sin límite que permea este reino celestial, un anticipo del gozo eterno que espera a todos los que entran por sus puertas.

La felicidad que permea el cielo es pura e interminable. No depende de las circunstancias o placeres pasajeros sino que está enraizada en el gozo eterno de estar en la presencia del Todopoderoso. Cada momento está lleno de una profunda y constante alegría, un gozo que surge de la misma esencia de nuestras almas. Esta felicidad es contagiosa, extendiéndose de una alma a otra, creando una sinfonía de alegría que resuena por los pasillos del cielo.

El cielo también es un lugar de descanso y rejuvenecimiento. Después de las pruebas y tribulaciones de la vida terrenal, ofrece un santuario donde podemos dejar nuestras cargas y encontrar verdadero descanso. Nuestras almas, cansadas del viaje, se refrescan y renuevan en este refugio divino. Aquí encontramos la fuerza que necesitamos para continuar, la paz que llena nuestros corazones y el rejuvenecimiento que restaura nuestros espíritus. Es un lugar donde podemos respirar profunda y completamente, libres de las limitaciones y presiones del mundo.

En este reino celestial, nuestras almas encuentran verdadera realización y satisfacción. Cada deseo, cada necesidad se satisface en la presencia del Divino. Ya no estamos buscando, ya no estamos esforzándonos, sino finalmente en casa en el abrazo del amor de Dios. Esta satisfacción es completa y total, llenando cada parte de nuestro ser con un profundo y constante contentamiento. Es el cumplimiento de cada promesa, la realización de cada esperanza y la culminación de cada viaje.

Aquí, somos libres de ser nuestro verdadero yo, sin las máscaras y fachadas que llevábamos en la vida terrenal. A la luz del amor de Dios, finalmente podemos ser quienes siempre debimos ser, nuestro yo verdadero y auténtico. Esta libertad es liberadora y estimulante, permitiéndonos explorar las profundidades de nuestras almas y las alturas de nuestro potencial. Ya no estamos atados por el miedo o la duda, sino libres para vivir plena y completamente a la luz del amor de Dios.

Disfrutando para siempre de la gloria del amor de Dios, encontramos nuestro propósito y significado último. Este amor es la fuente de toda alegría, paz y realización, una fuente inagotable que nutre nuestras almas y llena nuestros corazones. En este abrazo divino, somos valorados y apreciados, conocidos y amados, celebrados y honrados. Es un amor que nunca se desvanece, nunca disminuye, sino que se hace más fuerte y profundo con cada momento que pasa.

Esta paz y felicidad eternas, este descanso y rejuvenecimiento, esta realización y libertad, este disfrute de la gloria del amor de Dios: esta es la promesa del cielo, el destino último de nuestras almas. Es un lugar donde cada lágrima es enjugada, cada tristeza se convierte en alegría y cada corazón se hace completo. Es el cumplimiento de la promesa de Dios, la realización de Su amor y la culminación de Su gracia. Aquí, en este reino celestial, encontramos nuestro verdadero hogar, nuestro descanso eterno y nuestra alegría perpetua.

CAPÍTULO 2

COMUNIÓN CON DIOS

Tener comunión con Dios es un viaje profundamente personal y espiritual que puede traer una inmensa alegría, paz y realización a la vida de uno. Implica desarrollar un sentido de conexión, confianza y comunicación con un poder superior amoroso, compasivo y omnisciente.

Emprender este viaje requiere apertura de corazón y mente, disposición para explorar y abrazar la presencia divina en cada aspecto de nuestras vidas. Comienza con el deseo de conocer a Dios, de entender Su naturaleza y de experimentar Su amor de primera mano. Este deseo nos lleva a buscarlo a través de la oración, la meditación y el estudio de textos sagrados. Estas prácticas se convierten en la base de nuestra relación con Dios, creando un espacio donde podemos encontrar Su presencia y escuchar Su voz.

Desarrollar una conexión con Dios no es un evento único, sino un proceso continuo de crecimiento y profundización de la intimidad. Se nutre a través de interacciones diarias, momentos de reflexión silenciosa y la práctica de la gratitud. En estos momentos, abrimos nuestros corazones al amor de Dios, permitiendo que nos llene y nos transforme. Comenzamos a ver Su mano en la belleza de la creación, en la bondad de los demás y en los susurros silenciosos de nuestras almas. Esta conexión trae un profundo sentido de pertenencia y propósito, recordándonos que nunca estamos solos y que somos profundamente amados.

La confianza es la piedra angular de nuestra relación con Dios. Implica rendir nuestros miedos, dudas y ansiedades, poniéndolos en Sus manos. Confiar en Dios significa creer que Él siempre está con nosotros, guiándonos y trabajando por nuestro bien, incluso cuando no podemos ver el camino por delante. Es la certeza de que Sus planes para nosotros están llenos de esperanza y promesas, que Él nos conoce mejor de lo que nos conocemos a nosotros mismos y que Su amor por nosotros es inquebrantable. Esta confianza trae paz a nuestros corazones, permitiéndonos enfrentar los desafíos de la vida con confianza y serenidad.

La comunicación con Dios es la savia de nuestra relación. Es a través de la oración que hablamos con Él, compartiendo nuestras alegrías, nuestras tristezas, nuestras esperanzas y nuestros miedos. La oración no se trata solo de pedir cosas, sino de construir una relación, escuchar Su guía y expresar nuestro amor y gratitud. Es un diálogo que profundiza nuestra conexión y nos ayuda a alinear nuestros corazones con Su voluntad. En momentos de silencio y quietud, podemos escuchar Sus suaves susurros, ofreciendo consuelo, sabiduría y dirección.

Comprender la naturaleza de Dios como amorosa, compasiva y omnisciente transforma la forma en que nos relacionamos con Él. Llegamos a verlo no como una fuerza distante e impersonal, sino como un Padre que cuida, un Amigo fiel y un Consejero sabio. Su compasión nos asegura que le importa cada detalle de nuestras vidas, que se conmueve por nuestras luchas y que siempre está listo para extender su misericordia y gracia. Su naturaleza omnisciente nos da confianza de que nada escapa a su atención, que comprende nuestras necesidades y deseos más profundos, y que siempre está trabajando para lograr lo mejor para nosotros.

Para muchas personas, tener una relación con Dios implica oración, meditación y reflexión sobre enseñanzas espirituales. También puede implicar participar en rituales religiosos, asistir a servicios de adoración y buscar orientación de líderes o mentores espirituales.

La oración es una práctica fundamental para cultivar una relación con Dios. Es una conversación con lo Divino, un momento para expresar gratitud, buscar su guía y compartir nuestras esperanzas y miedos más profundos. A través de la oración, abrimos nuestros corazones a la presencia de Dios, invitando su sabiduría y consuelo a nuestra vida. Ya sea hablado en voz alta o en contemplación silenciosa, la oración fortalece nuestra conexión con Dios y alinea nuestros corazones con su voluntad.

La meditación proporciona un espacio tranquilo para escuchar la voz de Dios y discernir su orientación. Implica aquietar nuestra mente y corazón, permitiéndonos volvernos receptivos a percepciones espirituales e inspiración divina. En la meditación, reflexionamos sobre verdades sagradas y buscamos profundizar nuestra comprensión del amor de Dios y su propósito para nuestras vidas. Es una práctica que fomenta la paz interior y el crecimiento espiritual, ayudándonos a vivir con más conciencia y alineados con las intenciones de Dios.

La reflexión sobre enseñanzas espirituales enriquece nuestra comprensión del carácter de Dios y su plan para la humanidad. Estudiar escrituras y textos espirituales nos permite profundizar en la sabiduría intemporal y las verdades que ofrecen orientación y consuelo. A través de la reflexión, ganamos comprensión sobre las promesas de Dios, su fidelidad a lo largo de la historia y su amor eterno por su creación. Esto profundiza nuestra fe y nutre un sentido profundo de confianza en su providencia divina.

Participar en rituales religiosos sirve como una expresión tangible de nuestra devoción y reverencia por Dios. Rituales como sacramentos, ceremonias y observancias son actos sagrados que nos conectan con las tradiciones y creencias de nuestra comunidad de fe. Sirven para conmemorar eventos significativos, expresar gratitud, buscar perdón y renovar nuestro compromiso espiritual. Participar en estos rituales fomenta un sentido de pertenencia y unidad dentro de la comunidad de creyentes, reforzando nuestra fe y valores compartidos.

Asistir a servicios de adoración es una práctica comunitaria que nos permite unirnos con otros para alabar y adorar a Dios. Es un tiempo de oración colectiva, canto de himnos de alabanza y escuchar enseñanzas que inspiran y elevan nuestro espíritu. Los servicios de adoración proporcionan un espacio sagrado donde podemos acercarnos a Dios, experimentar su presencia entre otros creyentes y recibir alimento espiritual a través de la comunión y la adoración compartida.

Buscar orientación de líderes o mentores espirituales proporciona un apoyo y consejo invaluables en nuestro viaje espiritual. Estas personas, a menudo experimentadas en la fe y la sabiduría, ofrecen orientación, aliento y apoyo en oración mientras navegamos por los desafíos de la vida y buscamos crecer en nuestra relación con Dios. Proporcionan percepciones extraídas de sus propias experiencias y comprensión de principios espirituales, ayudándonos a profundizar nuestra fe, superar obstáculos y mantenernos firmes en la verdad de Dios.

Tener una relación con Dios también puede inspirar sentimientos de gratitud, humildad y asombro ante la belleza y la maravilla del mundo que nos rodea.

Al enfrentar desafíos, la seguridad de la presencia de Dios trae un profundo sentido de consuelo. Saber que no estamos solos, sino sostenidos en el abrazo de su amor, nos da el coraje para soportar las dificultades con resiliencia y fe. A través de la oración y la meditación, encontramos consuelo en sus promesas, hallando paz en medio de la agitación y fortaleza en tiempos de debilidad. Este consuelo divino es una fuente de apoyo inquebrantable, guiándonos a través de las tormentas de la vida y asegurándonos su presencia constante.

Una relación con Dios proporciona un profundo sentido de propósito y dirección en la vida. Al buscar su voluntad y alinear nuestras acciones con su plan divino, descubrimos claridad y significado en nuestro viaje. La guía de Dios ilumina nuestro camino, ayudándonos a tomar decisiones que le honran y sirven a los demás. Este sentido de propósito infunde un profundo cumplimiento, sabiendo que nuestras vidas son parte de un propósito mayor y eterno ordenado por un Creador amoroso.

La presencia de Dios inspira un corazón rebosante de gratitud por Sus bendiciones y provisión. Nos sentimos humildes por Su gracia y misericordia, reconociendo nuestra dependencia de Él para cada buen regalo. Esta humildad cultiva una reverencia por Su majestad y un profundo asombro ante la belleza y maravilla de Su creación. Desde los intrincados detalles de la naturaleza hasta las profundidades de la experiencia humana, cada momento se convierte en una oportunidad para maravillarse de Su obra y reconocer Su soberanía.

Es un viaje de fe y crecimiento espiritual que puede llevar a una comprensión más profunda de uno mismo y su lugar en el universo. La relación de cada persona con Dios es única, moldeada por encuentros personales, percepciones espirituales y momentos de presencia divina. Es un viaje en el que la fe se entrelaza con las experiencias de vida, moldeando creencias y perspectivas. A través de la oración y la contemplación, los individuos forjan una conexión con lo divino que resuena con sus aspiraciones y deseos más profundos. Esta relación personal proporciona un santuario de consuelo y renovación espiritual, donde los corazones encuentran descanso y las almas encuentran alimento.

La presencia de Dios infunde la vida con un sentido profundo de paz que trasciende las circunstancias. En momentos de oración y meditación, Su paz inunda corazones atribulados, ofreciendo tranquilidad y calma. Esta paz interna coexiste con una alegría que surge del conocimiento del amor de Dios y la experiencia de Su gracia. Es una alegría que supera la felicidad pasajera, enraizada en las promesas eternas de la fe. A través de esta relación, los individuos descubren una satisfacción que satisface los anhelos más profundos del alma, encontrando propósito en servir a Dios y a los demás con amor y compasión.

Abrazar una relación con Dios es un viaje marcado por el crecimiento espiritual y la transformación. Involucra buscar Su presencia en la vida diaria, aprender de Sus enseñanzas y encarnar Sus valores de amor, perdón y compasión. Este viaje profundiza la fe a medida que los individuos luchan con preguntas, buscan entendimiento y cultivan una intimidad más profunda con lo divino. Es un proceso continuo de búsqueda de la verdad, abrazo a los desafíos y experiencias de revelaciones divinas que moldean el carácter y enriquecen la madurez espiritual.

A través del lente de la fe, los individuos obtienen perspicacia sobre su identidad, propósito y rol en el universo. Descubren su valor inherente como hijos amados de Dios, abrazados por Su amor incondicional. Este entendimiento fomenta un sentido de interconexión con toda la creación, reconociendo la presencia divina en cada aspecto de la vida. Empodera a los individuos para vivir auténticamente, guiados por principios espirituales que honran a Dios y reflejan Su bondad en las relaciones, el trabajo y la comunidad.

CAPÍTULO 3
ORACIÓN

Hay muchos versículos a lo largo de la Biblia que hablan sobre la importancia y el poder de la oración. Uno de los pasajes más profundos sobre este tema se encuentra en **Filipenses 4:6-7** . Este pasaje nos aconseja no estar ansiosos por nada, sino presentar cada preocupación a Dios a través de la oración y la petición con agradecimiento. Promete que la paz de Dios, que trasciende todo entendimiento, guardará nuestros corazones y mentes en Cristo Jesús.

La oración es una piedra angular de la fe cristiana, ofreciendo una línea directa de comunicación con Dios. Es a través de la oración que expresamos nuestros pensamientos, preocupaciones y deseos más profundos al Divino. La Biblia enfatiza que la oración no es solo una práctica ritualística sino un aspecto vital de nuestra relación con Dios.

Es una vía para buscar guía, pedir fortaleza y ofrecer gratitud. El acto de orar invita a la presencia de Dios en nuestras vidas, proporcionando un medio para conectarnos con Su sabiduría y gracia.

Filipenses 4:6-7 ofrece un poderoso antídoto contra la ansiedad. En momentos de preocupación y angustia, el pasaje nos anima a acudir a Dios con nuestras oraciones y peticiones. Al hacerlo, renunciamos a nuestras ansiedades y confiamos en que Dios tiene el control. Esta práctica de llevar nuestras preocupaciones ante Dios con un espíritu de agradecimiento desplaza nuestro enfoque de nuestros problemas a Sus promesas. Transforma nuestro enfoque hacia los desafíos, permitiéndonos experimentar un sentido de paz que trasciende nuestro entendimiento —una paz que proviene de saber que Dios está obrando en nuestro favor y que no estamos solos en nuestras luchas.

La paz prometida en Filipenses 4:6-7 no es meramente la ausencia de conflicto, sino una profunda tranquilidad interna que proviene de una profunda confianza en la soberanía de Dios. Esta paz guarda nuestros corazones y mentes, protegiéndonos de la incertidumbre que a menudo acompaña las dificultades de la vida. Actúa como un escudo, calmando nuestros miedos y restaurando nuestro sentido de seguridad. Esta paz divina es una manifestación tangible de la presencia de Dios en nuestras vidas, asegurándonos que Él está con nosotros en cada momento y que Su amor y cuidado son inquebrantables.

La oración tiene un poder transformador. Es a través de la oración que alineamos nuestra voluntad con la de Dios, buscando Su guía e intervención en nuestras vidas. El acto de orar no solo invita la presencia de Dios, sino que también abre nuestros corazones para recibir Sus bendiciones y sabiduría. A través de la oración, podemos experimentar crecimiento personal, sanidad y renovación. Fortalece nuestra fe, construye nuestro carácter y profundiza nuestra relación con Dios. Al orar, nos volvemos más sintonizados con Su voz, más receptivos a Su dirección y más conscientes de Su obra en nuestras vidas.

Desarrollar una vida de oración robusta implica hacer de la oración una parte regular de nuestra rutina diaria. Requiere intencionalidad y compromiso, apartando tiempo para entablar conversación con Dios. Esto puede ser a través de oraciones estructuradas, expresiones espontáneas de gratitud o momentos contemplativos de silencio. A medida que cultivamos nuestra vida de oración, descubrimos nuevas dimensiones de nuestra relación con Dios, experimentando Su presencia de maneras profundas y personales.

Otro versículo importante es **Mateo 6:6**, que proporciona una profunda guía sobre la naturaleza de nuestra vida de oración. Este versículo nos instruye a orar en privado, enfatizando la naturaleza profundamente personal e íntima de nuestra comunicación con Dios. Nos dice que entremos en nuestro cuarto, cerremos la puerta y oremos a nuestro Padre que está en lo secreto. El versículo nos asegura que nuestro Padre, que ve en secreto, nos recompensará. Esto destaca la sinceridad y humildad que deben acompañar nuestras oraciones.

Mateo 6:6 subraya que la oración es fundamentalmente una experiencia privada y personal entre el individuo y Dios. Nos invita a retirarnos de la vista pública y entrar en un espacio de soledad donde nuestra comunicación con Dios puede ser sincera y no estar influenciada por factores externos. Este entorno privado nos permite expresar nuestros pensamientos, deseos y necesidades con autenticidad, libres de la necesidad de validación o aprobación de otros. Es en este espacio íntimo donde podemos entablar un diálogo genuino con Dios, compartiendo nuestras preocupaciones y alegrías más profundas.

La instrucción de entrar en nuestra habitación y cerrar la puerta simboliza la importancia de crear un espacio sagrado para la oración. Sugiere apartar tiempo y espacio dedicados exclusivamente a nuestra relación con Dios. Este acto de retirarse a la privacidad ayuda a eliminar distracciones y crea un ambiente donde podemos enfocarnos completamente en nuestra conversación con Dios. Refleja un compromiso de priorizar nuestra conexión espiritual y hacer espacio para un encuentro significativo con lo Divino.

El versículo enfatiza que oramos a nuestro Padre que está en lo secreto, recordándonos la naturaleza de Dios como un ser espiritual que trasciende el ámbito físico. Este aspecto invisible de Dios nos invita a confiar en Su presencia y fidelidad, aunque no podamos verlo con nuestros ojos físicos. Nos anima a cultivar la fe y la confianza en la capacidad de Dios para escuchar y responder a nuestras oraciones, independientemente de nuestra perspectiva humana limitada.

Mateo 6:6 resalta la importancia de abordar la oración con sinceridad y humildad. El acto de orar en secreto refleja un corazón que busca comunicarse con Dios por un deseo genuino en lugar de por el reconocimiento público. Subraya la idea de que nuestras oraciones deben estar motivadas por una conexión sincera con Dios, en lugar de por un deseo de validación o aplausos externos. Esta sinceridad y humildad en la oración están alineadas con el principio bíblico de que Dios valora las intenciones de nuestro corazón más que las apariencias externas.

El versículo nos asegura que nuestro Padre, que ve en secreto, nos recompensará. Esta promesa de recompensa no es necesariamente una bendición material sino un cumplimiento espiritual más profundo e intimidad con Dios. La recompensa viene en forma de crecimiento espiritual, mayor comprensión y una relación fortalecida con lo Divino. Significa que nuestras oraciones sinceras y privadas son valoradas y honradas por Dios, conduciendo a una experiencia espiritual más rica y gratificante.

1 Tesalonicenses 5:16-18 proporciona un marco poderoso para nuestro enfoque hacia la oración y la espiritualidad. Este pasaje nos anima a regocijarnos siempre, orar continuamente y dar gracias en todas las circunstancias. Describe este enfoque continuo y agradecido hacia la oración como la voluntad de Dios para nosotros en Cristo Jesús. Esto subraya la importancia de mantener un espíritu alegre y agradecido en nuestra vida de oración, independientemente de nuestras circunstancias.

El mandato de "regocijarse siempre" refleja una invitación a cultivar un espíritu de alegría que trasciende nuestras circunstancias inmediatas. Regocijarse no es meramente una respuesta emocional a condiciones favorables, sino una elección deliberada para celebrar la bondad y fidelidad de Dios en cada aspecto de la vida. Esta alegría proviene de reconocer la presencia y promesas de Dios, incluso en medio de pruebas y dificultades. Es una expresión de profunda confianza en Su soberanía y un reconocimiento de las incontables bendiciones que Él nos otorga. Al elegir regocijarnos siempre, alineamos nuestros corazones con la perspectiva divina, encontrando razones para la gratitud y celebración incluso cuando enfrentamos desafíos.

La exhortación a "orar continuamente" enfatiza la importancia de mantener un diálogo constante y continuo con Dios. Esto no implica que debamos estar en un estado constante de oración formal, sino que promueve una mentalidad de conexión constante con lo Divino. Nos invita a integrar la oración en el ritmo de nuestras vidas diarias, volviéndonos a Dios en momentos de alegría, tristeza, toma de decisiones y actividades cotidianas. La oración continua fomenta una relación más profunda con Dios, haciéndolo una parte central de nuestras vidas y permitiéndonos buscar Su guía y consuelo a lo largo de cada día.

La instrucción de "dar gracias en todas las circunstancias" subraya el significado de la gratitud en nuestra práctica espiritual. Independientemente de nuestra situación, ya sea que estemos experimentando abundancia o enfrentando adversidad, la acción de gracias es un aspecto vital de nuestra relación con Dios. Esta gratitud está enraizada en la comprensión de que Dios siempre está obrando, guiando, proveyendo y sosteniéndonos. Al expresar gratitud en cada circunstancia, reconocemos la mano de Dios en nuestras vidas y afirmamos nuestra confianza en Su bondad y providencia. Esta actitud de gratitud transforma nuestra perspectiva, ayudándonos a enfocarnos en la fidelidad de Dios en lugar de nuestras dificultades.

El pasaje describe este enfoque continuo y agradecido hacia la oración como la voluntad de Dios para nosotros en Cristo Jesús. Esta declaración destaca que regocijarse, la oración continua y la acción de gracias no son meramente prácticas recomendadas, sino que están alineadas con los deseos de Dios para Su pueblo. Abrazar estas prácticas refleja nuestro compromiso de vivir nuestra fe de una manera que honre a Dios y demuestre nuestra confianza en Su plan. Afirma que nuestro bienestar espiritual y crecimiento están intrínsecamente ligados a mantener una actitud de alegría y gratitud en todos los aspectos de la vida.

Incorporar estos principios en nuestras vidas diarias tiene efectos profundos en nuestro bienestar espiritual. Un corazón alegre, que ora y es agradecido fomenta un sentido más profundo de paz y satisfacción, independientemente de las circunstancias externas.

Nos ayuda a mantenernos resilientes frente a la adversidad y a reconocer y apreciar las bendiciones que de otro modo podríamos pasar por alto. Este enfoque hacia la oración y la espiritualidad no solo fortalece nuestra relación con Dios, sino que también mejora nuestra perspectiva general de la vida, haciéndonos más receptivos a Su presencia y propósito en nuestras vidas.

Santiago 5:16 proporciona conocimientos profundos sobre el aspecto comunitario de la oración y su papel en traer sanidad y justicia. El verso nos aconseja confesar nuestros pecados unos a otros y orar unos por otros, enfatizando que esta práctica es integral para experimentar sanidad. Subraya que la oración del justo es poderosa y efectiva, reflejando el impacto significativo que las oraciones sinceras y justas pueden tener en nuestras vidas y en las vidas de los demás.

El acto de confesar nuestros pecados unos a otros no se trata meramente de admitir nuestros errores, sino de fomentar la transparencia y la responsabilidad dentro de nuestra comunidad. Al compartir nuestras luchas y buscar apoyo, creamos un espacio para el aliento mutuo y la sanidad. Esta confesión es un paso hacia el crecimiento personal y colectivo, permitiéndonos reconocer nuestras faltas y buscar perdón, lo que a su vez abre la puerta a la gracia y restauración de Dios.

Orar unos por otros amplifica aún más la naturaleza comunitaria de esta práctica. Cuando levantamos a unos a otros en oración, participamos en un viaje espiritual compartido, intercediendo en nombre de otros y buscando la intervención de Dios en sus vidas. Este acto colectivo de oración fomenta un sentido de unidad y solidaridad dentro de la comunidad. Refuerza la idea de que no estamos solos en nuestras luchas, sino que estamos apoyados por una red de fe que nos sostiene en tiempos de necesidad.

El versículo destaca que la oración de una persona justa es especialmente poderosa y efectiva. Esto subraya la importancia de vivir una vida alineada con la voluntad de Dios y de encarnar la justicia. Tales oraciones, ofrecidas con corazones sinceros y puras intenciones, llevan un peso de autoridad espiritual y pueden efectuar un cambio real. La efectividad de estas oraciones es un testimonio de la asociación divina entre nuestras peticiones sinceras y la capacidad de Dios para llevar a cabo la transformación.

Al enfatizar la naturaleza comunitaria y poderosa de la oración, Santiago 5:16 nos enseña que la sanidad y la justicia no se logran en aislamiento, sino a través de una red de relaciones de apoyo y oración. Nos invita a participar activamente en el bienestar espiritual de los demás, reconociendo que nuestras oraciones y confesiones contribuyen a un tapiz más grande de obra divina. Esta interconexión en la oración fomenta un sentido más profundo de comunidad, donde los individuos son tanto contribuidores como receptores de la gracia sanadora de Dios.

En última instancia, el versículo refuerza que la oración es una práctica dinámica y comunitaria, donde la fe colectiva y la justicia de la comunidad juegan un papel crucial en lograr la sanidad espiritual y física. Nos desafía a asumir un papel más profundo y activo en las vidas espirituales de los demás, entendiendo que nuestras oraciones tienen el poder de efectuar cambios significativos y fomentar un ambiente sanador dentro de nuestras comunidades.

En momentos de incertidumbre o dificultad, la oración ofrece un camino para encontrar paz. Ofrece un espacio para liberar nuestras ansiedades y cargas, confiando en que Dios está atento a nuestras necesidades y es capaz de proporcionar consuelo y seguridad. A través de la oración, invitamos la presencia de Dios en nuestras vidas, permitiendo que Su paz trascienda nuestro entendimiento y guarde nuestros corazones y mentes. Esta paz no es meramente la ausencia de conflicto, sino un profundo sentido de serenidad que proviene de saber que somos sostenidos y cuidados por un Dios amoroso y todopoderoso.

Además, la oración es una herramienta poderosa para experimentar el poder transformador de la presencia de Dios. Cuando oramos, nos abrimos al movimiento del Espíritu Santo, invitando el amor y la gracia de Dios a manifestarse en nuestras vidas. Esta conexión fomenta un sentido de intimidad con Dios, haciendo Su presencia más tangible y real. El acto de orar nos pone en contacto directo con lo divino, permitiéndonos experimentar Su poder transformador, sanidad y guía de una manera personal y significativa.

Los versículos también destacan que la oración no es solo una práctica rutinaria, sino una experiencia dinámica y poderosa. Nos permite encontrar el amor y la gracia de Dios en nuestra vida diaria, enriqueciendo nuestro viaje espiritual. A través de la oración, podemos sentir Su involucramiento activo en nuestras vidas, recibir Su fuerza y aliento, y sentir Su amor incondicional. Esta conexión a través de la oración nutre nuestra fe, construye nuestra resiliencia espiritual y profundiza nuestro entendimiento del carácter de Dios y Sus planes para nosotros.

CAPÍTULO 4

GRACIA

La gracia de Dios se presenta como una de las ideas más profundas y transformadoras dentro de la fe cristiana, permeando la totalidad de su teología y práctica. Fundamentalmente, la gracia es el favor valioso e inmerecido que Dios ha mostrado a los humanos; es una manifestación de Su misericordia, amor y compasión ilimitados. Es otorgada a todos como un don divino, reflejando el carácter fundamental de Dios como una entidad infinitamente buena, y no es ganada ni merecida por el esfuerzo humano o la justicia. Es el cimiento sobre el cual se erige la majestuosa fe.

Según la doctrina cristiana, la gracia es una energía activa y dinámica que moldea la relación entre el Creador y Su creación, no solo una disposición amable o una bondad pasiva de Dios. Los teólogos se refieren a la gracia como la piedra angular fundamental alrededor de la cual se construye toda la estructura de la salvación y la redención. A la humanidad caída, empañada por el pecado y separada de Dios, se le ofrece perdón, reconciliación y, finalmente, vida eterna a través de la gracia.

Uno de los principios más fundamentales de la teología cristiana es la interrelación de los conceptos de pecado original y gracia, que destaca la extrema gravedad de la separación humana de Dios y la inmensa magnitud de la misericordia de Dios. Según la teoría del pecado original, que se presenta en los primeros capítulos del Génesis, la humanidad descendió de un estado de justicia original a la corrupción espiritual y la muerte como resultado de la transgresión de Adán y Eva en el Jardín del Edén. El pecado fue introducido en la condición humana por esta "caída", no solo como una deficiencia personal, sino también como una condición heredada que impacta a todos en el planeta. Dice el apóstol Pablo:

> *"Por tanto, así como el pecado entró en el mundo*
> *por un hombre, y la muerte por el pecado, así la*
> *muerte pasó a todos los hombres, porque todos*
> *pecaron,"*

> — ROMANOS 5:12

La idea del pecado original aborda la profunda extrañeza y ruptura que existen en la conexión entre Dios y los humanos. La humanidad está espiritualmente muerta en su estado caído e incapaz de alcanzar la justicia o el contacto con Dios por sí sola. **Isaías 64:6** destaca este hecho con sorprendente claridad:

"Todos nosotros somos como un impuro, y todas nuestras buenas obras como trapos de inmundicia".

Esto demuestra la inutilidad de los esfuerzos humanos para alcanzar la pureza o el mérito ante un Dios todopoderoso y santo.

Esto se explica más a fondo en la obra Confesiones del fundador de la Iglesia primitiva Agustín de Hipona (354–430 d.C.), una figura clave en la formación del pensamiento cristiano occidental:

"Las cadenas de mi pecaminosidad me ataban, pero no deseaba ser libre".

Era un prisionero elegido por mí mismo.

La teoría del pecado original de Agustín intensificó aún más la noción cristiana de la depravación humana. Predicaba que los efectos del pecado eran tan grandes que afectaban también a la razón y la voluntad humanas. La tendencia de la humanidad es hacia el amor propio y la desobediencia a Dios, o lo que Agustín llama lujuria, un deseo desordenado que aleja a las personas de Dios y las lleva hacia la idolatría y el egoísmo. Agustín argumentó que sin la ayuda de Dios, los humanos son incapaces de elegir el bien o regresar a Dios en este estado moralmente corrupto. Dada la profundidad de la necesidad humana, la gracia es una **"necesidad radical"** en la condición humana.

Como enseñaron Agustín y varios teólogos después de él, la gracia es necesaria para la salvación y no solo una adición opcional para el avance moral a la luz de nuestra completa depravación. La única cosa que puede sanar la brecha que el pecado ha hecho entre lo Divino y los humanos es la gracia de Dios. En su epístola a los Romanos, el apóstol Pablo enfatiza la necesidad de gracia, parafraseando **Romanos 3:23-24**, todos han pecado y están destituidos de la gloria de Dios, y todos son justificados gratuitamente por Su gracia mediante la redención que vino por Cristo Jesús. Esto demuestra que la salvación es completamente el resultado de la gracia de Dios y no del merecimiento humano o el logro.

Los Padres de la Iglesia primitiva enfatizaron este hecho. Uno de los predicadores más respetados de la Iglesia primitiva, San Juan Crisóstomo (349–407 d.C.), declaró en sus sermones:

"Cuando éramos enemigos, Dios fue reconciliado con nosotros por la muerte de Su Hijo".

La gracia es el regalo supremo. Además de liberarnos de nuestros pecados, Él nos ha otorgado también todas Sus bendiciones y nos ha mostrado cuánto nos valora. Crisóstomo enfatiza que la gracia es más que solo el perdón de los pecados; también es la manifestación del favor y amor de Dios, que transforma a los creyentes de enemigos de Dios en Sus amados hijos.

La gracia se entiende en la teología cristiana como un regalo inmerecido que Dios otorga libremente. Como enseña **Efesios 2:8-9**:

"Porque por gracia habéis sido salvados, por medio de la fe, y esto no de vosotros, es el don de Dios, no por obras, para que nadie se gloríe".

Estas palabras revelan la creencia cristiana fundamental de que la salvación no es cuestión de esfuerzo o mérito humano sino

es enteramente el resultado de la iniciativa amorosa de Dios. Dejados a sus propios dispositivos, los humanos nunca podrían ganar el favor o el perdón de Dios; se ofrece gratuitamente y es completamente gratuito.

Más allá del concepto teológico de la justificación—es decir, ser hecho justo con Dios—la gracia es también el poder mediante el cual Dios transforma y sana el alma humana herida. La Iglesia primitiva entendía la gracia no solo como un perdón legal, sino también como una fuerza transformadora. Es la vida divina misma, infundida en el creyente, permitiéndole vivir de acuerdo con la voluntad de Dios. Esto a veces se refiere como gracia santificante, la gracia que hace a una persona santa.

San Agustín dijo famosamente: "Da lo que mandas, y manda lo que quieras," reconociendo que incluso la capacidad de obedecer los mandatos de Dios es resultado de Su gracia. Los humanos, por su pecado, no pueden vivir rectamente sin la ayuda de Dios. Este es el trabajo de la gracia dentro del alma—renovando la mente, sanando el corazón y fortaleciendo la voluntad. Como escribe San Pablo en **Filipenses 2:13**:

"Porque es Dios quien obra en vosotros tanto el querer como el hacer para cumplir Su buena voluntad".

A pesar de la profunda caída de la humanidad y su incapacidad de restaurarse a sí misma, la gracia revela la tierna misericordia de Dios. Es, en un sentido, escandalosa: tan grande es su generosidad y su libre otorgamiento sobre aquellos que son completamente inmerecedores. La mera magnitud de la gracia de Dios ha sido fuente de asombro y alabanza a lo largo de la historia del cristianismo.

Como escribió elocuentemente San Bernardo de Claraval (1090–1153 d.C.),

"La gracia es la gloria comenzada, y la gloria es la gracia consumada".

Las limitaciones humanas no atan esta gracia, sino que fluyen del amor y la bondad infinitos de Dios. Es esta gracia divina, expresada de manera más completa en la persona y obra de Jesucristo, la que redime a la humanidad de las garras del pecado y la muerte. Como declara **Juan 1:16-17**,

"De su plenitud todos hemos recibido gracia sobre gracia ya otorgada. Porque la ley fue dada por medio de Moisés; la gracia y la verdad vinieron por medio de Jesucristo".

Además, la gracia se ve frecuentemente como un regalo dado libremente y sin demanda o presión, reflejando la voluntad soberana de Dios. La naturaleza de la gracia y el libre albedrío humano ha sido durante mucho tiempo un tema de discusión entre los teólogos. Mientras que algunas tradiciones, como el calvinismo, enfatizan la naturaleza imparable de la gracia de Dios, otras, como el arminianismo, sostienen que las personas tienen la libertad de aceptar o rechazar la oferta de gracia de Dios. La idea fundamental de la gracia —que es un esfuerzo divino independiente de la acción o el merecimiento humano— permanece verdadera, a pesar de estas complejidades teológicas.

La gracia impacta la vida de los creyentes de muchas maneras. Ofrece una nueva vida y emancipación espiritual de las cadenas del pecado. Sencillamente, la gracia es el amor y la misericordia de Dios hacia nosotros a pesar de que no lo merecemos. Esta gracia tiene un profundo impacto en la vida de los creyentes. Permite a las personas conocer el amor y el perdón permanentes de Dios, independientemente de sus transgresiones pasadas. Este conocimiento es reconfortante porque demuestra que el amor de Dios se basa no en nuestra bondad, sino en la suya propia.

A pesar de la profunda caída de la humanidad y su incapacidad para restaurarse a sí misma, la gracia revela la tierna misericordia de Dios. En cierto sentido, es escandalosa, tan grande es su generosidad y su libre otorgamiento a aquellos que son completamente indignos. La magnitud de la gracia de Dios ha sido una fuente de asombro y alabanza a lo largo de la historia del cristianismo. Como escribió elocuentemente San Bernardo de Claraval (1090-1153 AD),

"La gracia es la gloria comenzada, y la gloria es la gracia consumada".

Las limitaciones humanas no atan esta gracia, sino que fluyen del amor y la bondad infinitos de Dios. Es esta gracia divina, expresada de manera más completa en la persona y obra de Jesucristo, la que redime a la humanidad de las garras del pecado y la muerte. Como declara **Juan 1:16-17**,

"De su plenitud todos hemos recibido gracia sobre gracia ya otorgada. Porque la ley fue dada por medio de Moisés; la gracia y la verdad vinieron por medio de Jesucristo".

La gracia de Dios también inspira a las personas a vivir de manera diferente. Cuando las personas comprenden y aceptan genuinamente la gracia de Dios, a menudo se sienten movidas hacia la gratitud y el deseo de agradar a Dios. Además de perdonar, la gracia transforma, fomentando el desarrollo espiritual y una vida de bondad, tolerancia y amor hacia los demás.

Sencillamente, la gracia es el amor y la misericordia de Dios hacia nosotros a pesar de que no lo merecemos. Esta gracia tiene un profundo impacto en la vida de los creyentes. Permite a las personas conocer el amor y el perdón permanentes de Dios, independientemente de sus transgresiones pasadas. Este conocimiento es reconfortante porque demuestra que el amor de Dios se basa no en nuestra bondad, sino en la suya propia.

La gracia de Dios también inspira a las personas a vivir de manera diferente. Cuando las personas comprenden y aceptan genuinamente la gracia de Dios, a menudo se sienten movidas hacia la gratitud y el deseo de agradar a Dios. Además de perdonar, la gracia transforma, fomentando el desarrollo espiritual y una vida de bondad, tolerancia y amor hacia los demás.

La gracia es, por lo tanto, tanto una realidad externa como interna. Justifica al pecador ante Dios y santifica el alma, permitiendo que los creyentes crezcan en santidad y virtud. Esta transformación continua a menudo se describe como un proceso de volverse más como Cristo a través del trabajo continuo del Espíritu Santo. Como declara **Tito 2:11-12**,

"Porque la gracia de Dios se ha manifestado para ofrecer salvación a todas las personas. Nos enseña a decir 'No' a la impiedad y a los deseos mundanos, y a vivir en el presente siglo con dominio propio, rectitud y piedad".

La gracia es esencial para el cristianismo. Demuestra el amor inquebrantable de Dios y su disposición a interactuar con las personas. La gracia de Dios siempre está presente y acoge a las personas con los brazos abiertos, sin importar cuán distantes puedan sentirse de Él.

CAPÍTULO 5
PERDÓN

Como componente fundamental de teología cristiana, el perdón está estrechamente ligado a la gracia de Dios. Fundamentalmente, el perdón es dejar de lado el resentimiento, el odio o la necesidad de represalias contra alguien que te ha causado daño u ofensa. Es un acto de liberarse del peso que la ira y la amargura traen, tanto emocional como espiritualmente. El perdón no es solo una virtud moral, sino también un componente vital de la práctica del cristianismo. Su fundamento se encuentra en las enseñanzas y el ejemplo de Jesucristo, quien a lo largo de su vida, muerte y resurrección, personificó un perdón.

Según la Biblia, el perdón es esencial para vivir una vida cristiana. Jesús, en Su Sermón del Monte, animó a Sus discípulos a perdonar a otros como esperan ser perdonados por Dios:

> "Porque si perdonan a otros sus ofensas, también los perdonará a ustedes su Padre celestial, pero si no perdonan a otros sus ofensas, tampoco su Padre les perdonará a ustedes sus ofensas"

— MATEO 6:14-15

Esto enfatiza la idea de mostrar a otros la misma bondad y gracia para recibir el perdón de Dios. Así, el perdón se convierte en un medio de expresar la bondad y el amor de Dios en un mundo que con frecuencia se caracteriza por la injusticia y las relaciones tensas.

El perdón es un mandato celestial para los cristianos, no solo una acción voluntaria. El último acto de perdón de Jesús en la cruz se expresó en Su oración: "Padre, perdónalos, porque no saben lo que hacen" **(Lucas 23:34)** - sirve como el modelo supremo.

Los primeros teólogos y santos cristianos enfatizaron la importancia y el poder del perdón. Al considerar el perdón, San Agustín de Hipona una vez dijo: "El resentimiento es como beber veneno y esperar que la otra persona muera". Agustín advierte en este pasaje que la víctima de la falta de perdón sufre más que el malhechor.

Su mensaje es consistente con la idea de que el perdón tiene un poder transformador, no solo para el perdonado sino también para el que perdona.

El famoso predicador San Juan Crisóstomo también destacó el valor del perdón en sus obras, diciendo que "así como una chispa prende fuego a todo, así un alma inflamada de ira destruye el alma que la alberga". Crisóstomo enfatiza cómo el alma de una persona puede ser consumida por la falta de perdón, resultando en destrucción espiritual. Como muchos de los primeros teólogos cristianos, él creía que el perdón era el primer paso hacia el bienestar espiritual, la paz interior y el contacto con Dios.

El perdón también está fuertemente relacionado con la gracia de Dios, ya que representa la disposición de Dios para perdonar a la humanidad. Como Pablo dice en **Efesios 4:32**, los cristianos están obligados a extender el perdón a otros en la misma medida en que Dios se lo ha extendido a ellos:

> "Sean bondadosos y compasivos unos con otros, perdonándose mutuamente, así como en Cristo Dios los perdonó a ustedes".

Este versículo sirve como un recordatorio para los creyentes de que la gracia otorgada a ellos debería motivarlos a otorgar la misma gracia a otros, estableciendo así un círculo misericordioso que refleja la relación divina.

En la Iglesia primitiva, el perdón se consideraba con frecuencia como un medio para sanar tanto a personas como a comunidades. Según las enseñanzas de San Gregorio el Grande, "cuando un hombre supera una injuria perdonando a sus enemigos, nada es más agradable a Dios". Gregorio veía el perdón como una acción que promueve la paz en toda la sociedad cristiana y acerca a uno a Dios, además de ser una virtud personal.

La doctrina cristiana sostiene que el perdón no siempre es sencillo. Frecuentemente requiere mucho valor y humildad, especialmente cuando ha habido un daño severo... y podría ser la cosa más valiente que hagas. Por otro lado, se considera necesario para el desarrollo espiritual y como un reflejo del perdón de Dios. Cuando San Francisco de Asís oró, "Es al perdonar que somos perdonados", expresó adecuadamente este sentimiento. De esta manera, el perdón se convierte en un regalo y una gracia dados y aceptados libremente que calma los corazones del que perdona y del perdonado.

La capacidad del perdón cristiano para reparar y reconstruir relaciones dañadas es una de sus características más poderosas. El deseo de Dios de armonía y paz entre Su creación se refleja en los constantes llamados de la Biblia para que los cristianos sean agentes de reconciliación. La reconciliación es facilitada por el perdón, que convierte los lazos tensos en oportunidades para el desarrollo, la sanidad y el amor.

El apóstol Pablo escribió mucho sobre cómo los cristianos deberían perdonarse mutuamente en el espíritu de Cristo. Él anima a los creyentes a "soportarse mutuamente y perdonarse si alguno tiene una queja contra otra persona" en **Colosenses 3:13**. Perdonen como el Señor los ha perdonado. Pablo destaca aquí que el perdón es tanto una obligación colectiva como personal.

El bienestar y la cohesión de la comunidad cristiana dependen de ello. Sin perdón, las relaciones permanecen tensas y la comunidad cristiana no puede representar el amor de Cristo al mundo.

La historia de José y sus hermanos es una de las parábolas de perdón más cautivadoras que se encuentran en la Biblia.

Muchos de nosotros estamos familiarizados con esta historia. Inspirados por la envidia, los hermanos de José lo traicionaron y fue vendido como esclavo. A pesar de sus luchas, las superó para alcanzar la prominencia en Egipto.

Sus hermanos vinieron pidiendo ayuda durante una hambruna años después, sin darse cuenta de que el hombre fuerte al que estaban ayudando era en realidad su propio hermano a quien habían traicionado.

La elección que hace José es donde la historia da un giro. En lugar de tomar represalias, decidió perdonar a sus hermanos.

La historia ofrece una poderosa lección interpersonal. Nos demuestra que perdonar a alguien significa dejar de lado el resentimiento que nos mantiene atrapados, en lugar de olvidar el pasado.

Uno de los relatos más conmovedores de compasión y perdón divino se encuentra en el Evangelio de Juan (**Juan 8:1-11**), cuando Jesús perdona a la mujer adúltera. En esta poderosa historia, los fariseos y los maestros de la ley trajeron a Jesús a una mujer sorprendida en adulterio como una prueba de la disposición de Jesús a obedecer la Ley de Moisés, que requería que una mujer así fuera apedreada. La atmósfera era tensa, con la audiencia dispuesta a juzgar. Sin embargo, en Su infinita sabiduría, Jesús usa las circunstancias para enseñarnos sobre la auto-rreflexión, la gracia y la misericordia.

Jesús se inclinó y escribió en el lodo en lugar de conde-narla antes de pronunciar Sus conocidas palabras:

> "Aquel de entre ustedes que esté sin pecado, que sea el primero en arrojarle una piedra".

—JUAN 8:7

La multitud reflexionó sobre sus propios pecados después de escucharlo hablar. Se fueron uno por uno, comenzando por el más anciano. Luego, Jesús se dirigió a la mujer y dijo:

"¿Dónde están, mujer? ¿Nadie te ha criticado? Ella dijo: "Nadie, Señor". Jesús entonces respondió: "Ve y no peques más desde ahora; tampoco yo te condeno".

—JUAN 8:10-11

Además de ser un acto de perdón, este caso revela la enseñanza de Jesús de que la bondad divina prevalece sobre el legalismo y la condena. Además, demuestra Su consideración por el valor y la dignidad de cada alma humana, independientemente de su origen.

La Doctora de la Iglesia Santa Teresa de Ávila a menudo hablaba sobre la bondad de Dios como un medio para transformarnos, diciendo: "¡Oh almas! No se trata de fallar, sino de arrepentirse y tener fe para recibir la misericordia de Dios. (Moradas del castillo interior)

Sus palabras resuenan lo que Jesús dijo a la dama al final: "Ve y no peques más desde ahora". Es un llamado al cambio, a dejar atrás el pecado y comenzar de nuevo. La absolución es solo un aspecto del perdón; otro es recibir otra oportunidad para llevar una vida más virtuosa.

En sus escritos pastorales, el eminente teólogo San Gregorio el Grande discutió el poder restaurador del perdón, afirmando que "nada agrada más a Dios que cuando un hombre supera la ofensa perdonando a sus enemigos". San Gregorio entendía que el perdón no solo repara vínculos rotos, sino que también acerca al perdonador a Dios. Al perdonar a los demás, los cristianos crecen espiritualmente y se vuelven más como Dios. También emulan el propio perdón de Dios.

La sanidad ocurre a nivel personal cuando se otorga el perdón. Los cristianos pueden lograr paz y plenitud al dejar de lado su ira y resentimiento. El perdón libera a las personas de la carga emocional de los errores del pasado y transforma el corazón, permitiéndoles avanzar desde sus errores previos. El creyente experimenta sanidad tanto emocional como espiritual como resultado de esta sanidad, lo que deja espacio para que la gracia de Dios entre más fácilmente en sus vidas.

No sería incorrecto asumir que la idea del perdón es vital en el cristianismo, especialmente cuando lo necesitan. Sin embargo, como se discutió, también puede ser bastante difícil perdonar a los demás, particularmente cuando creemos que hemos sido severamente maltratados. Sin embargo, una vida vivida en libertad y una conexión con Dios están inextricablemente vinculadas al perdón.

Sin embargo, podría no ser tan fácil y directo como parece. Algunas personas creen que han cometido tantos errores en la vida, o que otros han cometido errores sobre ellos, que no pueden creer que Dios jamás los perdonará y les dará un nuevo comienzo. Sin embargo, según la Biblia, el único pecado que Dios no puede perdonar es el mal que nos negamos a reconocer. David, el mayor rey de Israel, cometió muchos pecados terribles, como adulterio y tramas asesinas. Sin embargo, pudo ganar el perdón de Dios diciendo: "He pecado contra el SEÑOR" (**2 Samuel 12:13**). Dios es un Dios perdonador, y Él puede y perdonará todo lo que hemos hecho, dicho o pensado. Siempre y cuando se lo pidamos.

También necesitas mirar a Jesucristo, el perdonador definitivo. Nuestro pastor es el ejemplo ideal de perdón en el núcleo de la teología cristiana. Su vida y enseñanzas revelan

la gran y constante compasión de Dios por las personas, y Su crucifixión es el acto de perdón más profundo registrado en la Biblia. La capacidad de perdón de Jesús demuestra la magnitud del amor y la compasión de Dios, incluso ante la gran injusticia y el sufrimiento.

La crucifixión de Jesús es uno de los episodios más conmovedores de Su vida. Jesús oró por el perdón mientras colgaba en la cruz, sabiendo que estaba siendo crucificado por las mismas personas que vino a salvar:

"Padre, perdónalos, porque no saben lo que hacen"

— **LUCAS 23:34**

Hablando en medio de Su sufrimiento, este acto de perdón muestra el carácter de Dios, quien es rápido para perdonar incluso las transgresiones más graves.

Además de servir como una ilustración del perdón de Dios, la oración de Jesús en la cruz sirve como un modelo a seguir para los cristianos. Demuestra que incluso en las circunstancias más difíciles e insoportables, el perdón es posible. También sirve como un recordatorio para los creyentes de que el carácter de quien extiende el perdón importa más que el merecimiento del ofensor. Jesús perdonó a Sus verdugos porque Su compasión por ellos superaba sus transgresiones, no porque lo merecieran. Del mismo modo, se espera que los cristianos extiendan el perdón, no porque quien les hizo daño lo merezca, sino porque Cristo se lo extendió a ellos primero.

En sus propios últimos momentos, San Esteban, el primer mártir cristiano, imitó este ejemplo dado por Cristo. Esteban rogó: "Señor, no les tomes en cuenta este pecado". Al mismo tiempo, estaba siendo apedreado (**Hechos 7:60**). Al igual que Jesús, Esteban perdonó a sus perseguidores, mostrando el poder transformador del perdón en la vida de un creyente. Además de reflejar las enseñanzas de

Cristo, este acto de perdón frente a la violencia alienta a los cristianos a practicar su religión con la misma valentía y gracia.

Por lo tanto, experimentar la gracia divina es la piedra angular de tener un espíritu perdonador. Somos rescatados solo por gracia. Existimos solo por gracia. Hemos recibido el perdón a través de la gracia. En consecuencia, el propósito del perdón es expresar nuestra gratitud por la bondad que se nos ha otorgado. Una vez más, la historia de Jesús destaca a una persona que se negó a comportarse de una manera que reflejara y coincidiera con la bondad de Dios y en vez de eso tomo por concedido el favor que le fue dado. ¿Por qué es necesario el perdón? Simplemente porque Dios es misericordioso con nosotros. Es importante enfatizar que el Dios de la gracia nos ordena ejercer la gracia en respuesta a ese mandato.

El perdón que se encuentra en la Biblia es hermoso. Nuestra culpa es eliminada cuando tenemos una fe confiada en el sacrificio de Jesús y nos sometemos plenamente a Dios y Su plan. La sangre de Jesucristo paga el costo total de nuestros pecados. El perdón de Dios nos absuelve de nuestras transgresiones y dolores.

Leemos en **Hebreos 8:12,**

> "Y nunca más me acordaré de sus pecados e iniquidades"

Él limpia el pasado y olvida nuestras transgresiones. Cuando Dios perdona nuestros pecados, y nos perdonamos unos a otros, qué asombrosa libertad podemos sentir. Esto es algo que tu vida y corazón también pueden experimentar. ¡Ven ahora al Señor!

CAPÍTULO 6
SANIDAD INTEGRAL

"Cristo mismo vino como un médico para sanar la enfermedad del alma, porque solo Él tiene la medicina de la salvación"

— SAN AGUSTÍN DE HIPONA

Existe una estrecha relación entre la misericordia sanadora de Dios y Su capacidad divina. En el cristianismo, la sanidad es un proceso holístico que toma en cuenta el bienestar espiritual, emocional e interpersonal de una persona además de simplemente restaurar su salud física. Los creyentes reciben sanidad por el amor y la gracia de Dios, que no es solo para enfermedades corporales. Incluye la reparación de corazones desgarrados por el pecado, el dolor y el alejamiento de Dios, así como la sanidad del alma y la reparación de relaciones tensas.

Los Evangelios retratan a Jesús como el Gran Sanador, un médico sobrenatural cuyo toque podía sanar tanto el alma como el cuerpo. Sus milagros de sanidad, que incluyen la recuperación de leprosos y la devolución de la vista a los ciegos, son como un rayo de sol penetrando una nube de tormenta y trayendo esperanza donde solo había desesperación. Como una semilla enterrada profundamente en la tierra que crece hasta convertirse en un árbol floreciente, cada acto de sanidad es una ventana a la infinita misericordia de Dios, una expresión externa de Su gracia interna.

Además de demostrar Su omnipotencia, la misión sanadora de Cristo fue un poderoso acto de empatía al comprender la profundidad del dolor humano del mismo modo que una madre comprende la angustia de su hijo. Sus milagros revitalizaron el cuerpo, mente y alma al traer vida donde solo había muerte, como agua fresca vertida en suelo seco. Estos actos de sanidad fueron más que simplemente un consuelo momentáneo; fueron indicios de que la árida y rota tierra de la existencia humana daba paso a un jardín verde y exuberante de renacimiento.

Jesús llenó el abismo entre el estado fragmentado de este mundo y la totalidad del reino de Dios con su toque. Su ministerio sanador sirvió como evidencia de que el reino de Dios había llegado realmente a la tierra, trayendo consigo la esperanza de renacimiento y restauración para todos los que lo buscaban, al igual que los primeros brotes de primavera anuncian el fin del invierno. Cada milagro sirvió como un adelanto de la restauración definitiva que estaba por ocurrir: un mundo carente de enfermedad, dolor y muerte, en el que todo sería renovado.

Los milagros de sanidad de Cristo fueron actos de bondad planeados que fueron motivados por el amor de Dios por su creación en lugar de demostraciones al azar de su poder. Cada milagro revela una verdad mayor: que la gracia de Dios, a través de Cristo, penetra en los rincones más profundos del dolor humano para proporcionar tanto consuelo inmediato como esperanza eterna.

Este capítulo examinará la comprensión cristiana de la sanidad, cómo se relaciona con la gracia de Dios y cómo expresa la compasión y el amor de Dios por los necesitados. La sanidad, ya sea que tome la forma de una restauración espiritual o física, es evidencia del poder transformador de la gracia de Dios hecha conocida a través de Jesucristo.

La obra expiatoria que Cristo completó en la cruz está en el centro de esta sanidad redentora. **Isaías 53:5** proféticamente declara,

"Pero él fue traspasado por nuestras transgresiones, fue aplastado por nuestras iniquidades; el castigo que nos trajo la paz fue sobre él, y por sus heridas fuimos sanados".

Este versículo, que se cita frecuentemente en la teología cristiana, demuestra que el sufrimiento de Cristo sirve tanto como medio de sanidad como un sustituto para los pecados de la humanidad. Los cristianos creen que Dios restaura tanto la salud física como espiritual a través de sus heridas. Debido a que la sanidad es un resultado directo del sacrificio de Jesús, está directamente asociada con su obra redentora.

La promesa de recuperación total y rejuvenecimiento está aún más respaldada por la resurrección de Cristo.

"Él mismo llevó nuestros pecados en su cuerpo sobre el madero, para que nosotros muramos al pecado y vivamos para la justicia; por sus heridas habéis sido sanados,"

— 1 PEDRO 2:24

El apóstol Pedro reflexiona en este pasaje sobre la obra de Cristo. Esta sanidad ofrece liberación del poder del pecado y la perspectiva de la vida eterna, alcanzando no solo al cuerpo físico sino también al corazón fundamental de la existencia humana.

Según la doctrina cristiana, la sanidad que Cristo ofrece va más allá de esta vida. Aunque Dios puede sanar enfermedades físicas, los creyentes están seguros de recibir vida eterna y la promesa de resurrección en una nueva creación carente de muerte, dolor y sufrimiento. La Biblia ofrece un atisbo de esta promesa para el futuro, en **Apocalipsis 21:4**:

"Él enjugará toda lágrima de sus ojos".

Porque el orden anterior de las cosas ha desaparecido, ya no habrá más muertes, ni dolor ni llanto ni sufrimiento. Este versículo describe la plena realización de la sanidad y la reparación permanente de la ruptura del mundo como el punto culminante de la misión redentora de Dios.

"Porque el Hijo de Dios se hizo hombre para que nosotros podamos convertirnos en Dios; Él se manifestó en un cuerpo para que pudiéramos recibir la idea del Padre no visto; y soportó la insolencia de los hombres para que pudiéramos heredar la inmortalidad".

Este fragmento pertenece a San Atanasio de Alejandría, uno de los primeros teólogos cristianos, y es una hermosa descripción de la restauración final. Atanasio discute aquí el último cambio provocado por Cristo, a saber, la inmortalidad y la unidad con Dios. Esta sanidad de Dios es más que bienestar físico; proporciona una reparación eterna del cuerpo y el alma.

Durante su misión terrenal, Jesús realizó milagros de sanidad que fueron tanto actos compasivos como proféticos de la llegada del reino de Dios. Todos los actos de sanidad de Cristo, incluida la resurrección de los muertos, ayudar a los cojos a caminar y abrir los ojos de los ciegos, fueron un adelanto de la sanidad completa que Dios ha prometido a su pueblo. Jesús dijo en respuesta a los discípulos de Juan el Bautista que le preguntaron si Él era el Mesías,

> "Vuelvan y cuenten a Juan lo que oyen y ven: Los ciegos recobran la vista, los cojos andan, los leprosos quedan limpios, los sordos oyen, los muertos son resucitados, y las buenas nuevas son anunciadas a los pobres".

— MATEO 11:4-5

Estas maravillas sirvieron como un adelanto del reino de Dios.

Según la doctrina cristiana, la misión redentora de Dios para la humanidad incluye la sanidad de una manera muy significativa. El plan original de Dios incluía no solo el bienestar físico y espiritual de su pueblo, sino también la salvación y restauración de todo el mundo. A todos los que creen se les ofrece la sanidad definitiva a través de la muerte y resurrección de Jesucristo. Esta promesa habla de la restauración completa de la condición rota de la humanidad y va más allá del alivio momentáneo de las dolencias físicas. Incluye la libertad del pecado, la vida eterna y la esperanza de una nueva creación.

El cristianismo coloca un fuerte énfasis en la idea de que Dios puede sanar el cuerpo, alma y espíritu de una persona además de curar sus enfermedades físicas. "Salvar, sanar, hacer completo" es otro significado de la palabra griega sozo, que significa "salvación". La visión cristiana de que el sufrimiento físico y la degradación fueron provocados por la caída de la humanidad en el pecado se refleja en este enfoque holístico de la sanidad. Como el Salvador, Jesús vino a reparar el daño causado por el pecado y devolver a las personas al estado de plenitud que Dios pretendía.

En **Lucas 17:19**, después de curar a 10 leprosos, Jesús le dice al que regresó para agradecerle: "Levántate y vete; tu fe te ha sanado". "Te ha sanado" sugiere una cura espiritual más profunda que solo curar físicamente la lepra. Por lo tanto, las sanidades de Jesús no fueron simplemente milagros únicos; más bien, eran esenciales para su objetivo de devolver a la humanidad su plenitud.

Uno de los Padres de la Iglesia más significativos del cristianismo primitivo, San Basilio el Grande, explicó elocuentemente la relación entre cuerpo, alma y espíritu, comparándolo con la interdependencia de la vida misma. Enfatizó que así como una vid no puede dar fruto sin sus raíces, tampoco el alma puede florecer sin ser sostenida por el Espíritu de Dios. "El cuerpo no continúa viviendo cuando se le priva del alma, ni el alma subsiste aparte del Espíritu de Dios", escribió. Esta impresionante obra de arte enfatiza cómo la presencia de Dios es la fuente de toda vida, espiritual y física.

Según esta perspectiva, un ser humano es un todo compleja e intrincadamente entrelazado, en lugar de solo una colección de componentes discretos. El espíritu es el combustible que mantiene la llama del alma ardiendo brillantemente dentro del cuerpo, que es como un delicado recipiente. Sin Dios, el cuerpo se vuelve sin vida a medida que el alma se desvanece y parpadea. Esta metáfora resalta la realidad más profunda de que, aunque la salud física es breve, solo Cristo puede proporcionar la verdadera sanidad, la que restaura tanto el cuerpo como la propia naturaleza de una persona.

La visión de la redención de Basilio alude a una sanidad divina eterna e interior. Argumenta que el objetivo final de la vida cristiana es la unificación del alma con Dios a través de Cristo, por la cual uno se transforma en totalidad e inmortalidad en lugar de ser simplemente sanado de trastornos físicos. Es como un vaso roto que es reparado por un maestro alfarero, quien no solo repara los defectos sino que también le otorga belleza y fortaleza perdurables, en lugar de manos humanas.

Esta sanidad integral restaura algo fundamental en los seres humanos, superando el alivio momentáneo del dolor. Es como una oleada de agua vivificante que convierte un desierto árido en un jardín floreciente. De manera similar a esto, el alma, que antes estaba sin vida y separada de Dios, recibe nueva vida y alimento por el amor de Cristo y se transforma en una imagen dinámica y viviente de lo divino.

Basilio capta perfectamente la visión cristiana de que la unidad del alma con Dios es la fuente de la verdadera sanidad, en lugar de curas terrenales. Esta conexión es como una estrella errante que regresa a su lugar propio en el cielo, donde brilla intensamente bajo la luz del Creador. La sanidad última —donde el cuerpo, el alma y el espíritu son hechos completos en la vida eterna que Dios promete— solo puede experimentarse en esta relación divina —a través de Cristo. Este puente une a la humanidad con lo divino.

Con respecto al papel de la Iglesia en la sanidad, San Cirilo de Jerusalén comentó: "El Espíritu viene suavemente y se da a conocer por su fragancia". Él es quien da los dones de bondad y cura a los heridos; es luz y sanidad. Con la ayuda del Espíritu Santo, la Iglesia sirve como un vehículo para la presencia sanadora de Dios en el mundo, ofreciendo a las personas en necesidad de sanidad tanto espiritual como física, así como reconciliación.

En resumen, el cristianismo sostiene que la sanidad es un componente del propósito redentor más amplio de Dios para la humanidad, y no una ocurrencia aislada. Los creyentes obtienen la sanidad definitiva a través de la muerte y resurrección de Cristo: vida eterna, liberación del pecado, y la perspectiva de una nueva creación libre de muerte y sufrimiento. Los relatos de los milagros de Jesús en los Evangelios guían a los cristianos hacia el día en que Dios reparará completamente todo lo que está roto y sirven como un adelanto de esta restauración eterna.

CAPÍTULO 7

EL PODER DE LA FE Y LA ORACIÓN

La fe y la oración son dos pilares poderosos en el camino cristiano, profundamente entretejidos con la experiencia del creyente de la sanidad divina y la restauración. En el Nuevo Testamento, la fe a menudo se representa como la llave que desbloquea el poder de Dios, y la oración es el canal a través del cual ese poder fluye. Ambas son más que deberes religiosos: son conversaciones íntimas con Dios, expresiones de confianza en su voluntad, y actos de rendición a su sabiduría.

En su esencia, la fe es más que una creencia intelectual en la existencia de Dios; es una confianza activa en Su carácter, promesas y capacidad para intervenir en la vida de Su pueblo. Hebreos 11:1 define la fe como "la certeza de lo que se espera, la convicción de lo que no se ve". Esta certeza es lo que lleva a los creyentes a través de las pruebas de la vida, dándoles confianza de que la mano invisible de Dios está obrando en cada situación.

En los Evangelios, Jesús enfatiza repetidamente la importancia de la fe en el contexto de la sanidad. Por ejemplo, en Marcos 5:34, después de sanar a una mujer que había estado sufriendo de una hemorragia durante doce años, Jesús le dice: "Hija, tu fe te ha sanado. Ve en paz y queda libre de tu sufrimiento". Este pasaje destaca la relación entre la fe y la sanidad divina: su creencia en el poder de Jesús y su audacia para acercarse a Él con fe trajeron su restauración física y espiritual.

Sin embargo, la fe no es optimismo ciego. Es una profunda confianza en Dios, creyendo que Él sabe lo que es mejor, incluso cuando Sus respuestas a la oración difieren de nuestras expectativas. La Biblia está llena de historias donde la fe en la bondad suprema de Dios sostuvo a individuos durante tiempos de gran sufrimiento, cuando no se concedió la sanidad inmediata. Job, por ejemplo, soportó un increíble dolor y pérdida, pero su fe permaneció intacta. Su declaración, "Aunque él me mate, confiaré en él" (Job 13:15), es un testimonio de la profundidad de una fe que trasciende las circunstancias.

Aunque la fe activa el poder sanador de Dios, la oración es el medio por el cual los creyentes comunican sus deseos, luchas y esperanzas a Él. La Biblia reafirma repetidamente la importancia de la oración persistente y ferviente.

"La oración del justo es poderosa y eficaz".

— SANTIAGO 5:16

Esta simple declaración encapsula la creencia cristiana de que la oración, ofrecida con fe y humildad, puede mover montañas. A través de la oración, los creyentes se asocian con Dios en Su obra de sanidad y restauración.

La oración, como la fe, implica tanto sumisión como acción. En sus cartas, el apóstol Pablo enfatiza el papel de la oración en la vida del creyente. En Filipenses 4:6-7, insta:

"No se inquieten por nada; más bien, en toda ocasión, con oración y ruego, presenten sus peticiones a Dios y denle gracias. Y la paz de Dios, que sobrepasa todo entendimiento, cuidará sus corazones y sus pensamientos en Cristo Jesús".

Aquí, Pablo vincula el acto de orar con la paz interior y la sanidad emocional. De esta manera, la oración se convierte más que en una forma de pedir resultados específicos; es un medio para acercarse a Dios y recibir Su paz en medio de los desafíos de la vida.

En los Evangelios, vemos a Jesús retirarse frecuentemente a orar, a menudo antes de momentos clave en Su ministerio. Estos momentos de oración fueron momentos de profunda comunión con el Padre, donde Jesús buscaba fortaleza y guía. Su oración en el Jardín de Getsemaní, justo antes de Su arresto, es uno de los momentos más conmovedores del Nuevo Testamento.

"Padre, si quieres, aparta de mí este cáliz; pero no se haga mi voluntad, sino la tuya"

— LUCAS 22:42

Esta oración ejemplifica la sumisión última a la voluntad de Dios, incluso cuando se enfrenta al sufrimiento. En la enseñanza cristiana, Jesús es el modelo de la oración perfecta: enseña a los creyentes a buscar la voluntad de Dios por encima de la suya propia, incluso cuando conduce a través del valle del sufrimiento.

Además de las propias oraciones de Jesús, los Evangelios registran numerosas instancias donde Él enseña a otros a orar y destaca el poder de la oración en la sanidad. Una de las más conocidas es la historia del centurión romano en Mateo 8:5-13, cuya fe en la autoridad de Jesús es tan fuerte que cree que una sola palabra de Jesús sanará a su siervo. Jesús se maravilla de la fe del centurión y dice: "En verdad os digo, no he encontrado a nadie en Israel con tan gran fe". La oración de fe del centurión, aunque breve y humilde, demuestra la profunda conexión entre la creencia en el poder de Dios y el acto de orar.

La tradición cristiana enseña que la oración y la fe no son meramente prácticas espirituales personales, sino que también son comunitarias. En el libro de los Hechos, la Iglesia primitiva a menudo se reunía en oración, buscando la guía, protección y sanidad de Dios como un cuerpo de creyentes. Un ejemplo notable es cuando Pedro es encarcelado, y la Iglesia ora fervientemente por su liberación. En respuesta, un ángel del Señor libera a Pedro de sus cadenas y lo guía fuera de la prisión (Hechos 12:5-11). Esta historia sirve como un recordatorio poderoso de que las oraciones del pueblo de Dios, cuando están unidas en fe, pueden llevar a resultados milagrosos.

Sin embargo, el misterio de la fe y la oración es que no siempre resultan en sanidad o liberación inmediatas. Hay ocasiones en las que la voluntad de Dios incluye un camino a través del sufrimiento en lugar de un alivio instantáneo. El apóstol Pablo mismo experimentó esto cuando oró tres veces para que Dios removiera una "espina en la carne", una aflicción misteriosa que le causaba gran angustia. En lugar de eliminar la espina, Dios respondió: "Mi gracia es suficiente para ti, porque mi poder se perfecciona en la debilidad" (2 Corintios 12:9). Este pasaje ilustra una verdad profunda en la enseñanza cristiana: que el poder de Dios a menudo se revela más plenamente en tiempos de debilidad y vulnerabilidad humanas.

Si bien la sanidad física es un aspecto significativo de la fe cristiana, la sanidad más profunda del alma—la liberación del pecado y la promesa de vida eterna—es el objetivo final de la obra redentora de Dios. La resurrección de Jesús, la piedra angular de la fe cristiana, es el mayor acto de sanidad divina, conquistando la muerte misma. A través de Su muerte y resurrección, los creyentes tienen la certeza de que, incluso si no experimentan sanidad física en esta vida, serán completamente restaurados en la vida venidera. La visión del apóstol Juan en Apocalipsis 21:4 apunta a esta realidad futura: "Él enjugará toda lágrima de sus ojos. Ya no habrá muerte, ni luto, ni llanto, ni dolor, porque el orden viejo ha pasado".

La fe y la oración son, por lo tanto, más que herramientas para un alivio temporal; son caminos hacia una relación más profunda con Dios, donde la confianza en su voluntad soberana y la aceptación de su plan conducen a la sanidad definitiva. La vida cristiana se caracteriza por un equilibrio entre pedir la intervención de Dios en el aquí y ahora y confiar en su promesa de restauración futura.

En este capítulo, hemos explorado la centralidad de la fe y la oración en la experiencia cristiana de sanidad. Ya sea a través de una recuperación milagrosa o de la fuerza para soportar el sufrimiento, estas dos prácticas espirituales vinculan a los creyentes con el corazón de Dios, asegurándoles su presencia y su poder. Son los medios a través de los cuales la gracia de Dios fluye en la fragilidad de este mundo, trayendo esperanza, consuelo y la promesa de una restauración final.